Mozart's thematischer Catalog

W. A. Mozart

Mozart's thematischer Catalog

ISBN/EAN: 9783955630409

Auflage: 1

Erscheinungsjahr: 2013

Erscheinungsort: Bremen, Deutschland

W. A. MOZART.

geboren den 27ten Jan 1756, gestorben den 5t Dez. 1791.

so wie er solchen vom 9. Februar 1784. bis zum 15. November 1791

eigenhändig geschrieben hat,

nebst einem erläuternden Vorbericht

von

A André.

Neue mit dem Original-Manuscript nochmals verglichene Ausgabe.

N.° 5000. — Preis fl. 2, 45 x.

OFFENBACH a/m,
bei
Johann André.

Vorbericht.

Man hatte in dem Vorberichte zur ersten Auflage gegenwärtigen Werkes (1805.) erwähnt, daß ich von den übrigen Originalmanuscripten Mozart's, welche nicht in gegenwärtigem Verzeichniß enthalten, also vor dem Jahre 1784 geschrieben sind, ein ähnlich chronologisch geordnetes, thematisches Verzeichniß fertigen und herausgeben wolle. —

Diese früheren Werke wurden nun zwar in ein thematisches Verzeichniß zusammengetragen, allein die vorgehabte Ordnung ihrer Zeitfolge ließ sich, nach genauerer Prüfung der Sache, nicht ausführen, da bei weitem nicht alle Manuscripte mit dem Datum ihrer Entstehung versehen waren.

Ich theilte inzwischen dieses Verzeichniß meinem Freunde Gerber in Sondershausen in Abschrift mit, und dies veranlaßte: daß seiner, als einem bestehenden zweyten Verzeichnisse Mozartscher Manuscripte, sowohl im Gerberschen Tonkünstlerlexikon im Artikel Mozart, als auch in den neuesten Biographieen Mozarts u. an andern Orten, Erwähnung geschah. — Da, wie bereits gesagt, dieses Verzeichniß nicht vollständig chronologisch zu ordnen ist, so muß ich dasselbe nach einer anderen Ordnung abfassen, um es herausgeben zu können. —

Schade, daß uns von Mozart selbst die näheren Angaben zur Fertigung eines solchen Verzeichnisses fehlen. Vielleicht hatte Mozart, bei eigner Anerkennung der Nothwendigkeit desselben, zugleich die Schwierigkeit seiner Abfassung eingesehen, und um solcher für seine folgenden Werke im Voraus zu begegnen, sich entschlossen, das gegenwärtige zu gründen. —

Noch scheint es bemerkenswerth, daß Mozart beynahe gleichzeitig mit gegenwärtigem Verzeichnisse angefangen hat, über seine Einnahmen und Ausgaben gewißermaßen Buch und Rechnung zu führen. —

Seine Einnahmen, worunter der Ertrag einiger sogenannter musikalischer Academieen, welche Mozart damals gegeben, ferner für ertheilten Unterricht an verschiedene Herrschaftliche Personen u. nur weniges Honorar für verkaufte Kompositionen begriffen waren, notirte er auf einem länglichen Stück Papier; sie fangen vom März 1784 an, und gehen bis zum Februar 1785, von wo an deren Notirung seine Gattinn übernahm, aber nur kurze Zeit fortsetzte; die Ausgaben dagegen notirte Mozart in einem kleinen Quartbüchlein, welches früher zu Übungs-Aufsätzen in der englischen Sprache bestimmt war, auch noch verschiedene von ihm ins Englische übersetzte Briefe enthält. Diese Ausgaben fangen ebenfalls vom 1. März 1784 an, u. gehen bis zum 4. Febr. 1785; von da an übernahm deren Eintragung seine Gattin, welche sie jedoch ebenfalls nur ganz kurze Zeit fortsetzte. —

Mozart verfuhr in Notirung seiner Ausgaben so pünktlich, daß er auch nicht den unbedeutendsten Posten einzutragen unterließ. —

Als ein kleiner Beleg, wie sich auch hier Mozarts Naivität aussprach, mag folgendes dienen. unterm 1. Maij 1784 steht notirt: . . . . Zwei Maßblümel.   1 kr.

unterm 27. May 1784 . . . . Vogel Staßl . . . . . 34 "

und zugleich folgende Melodie mit der Bemerkung: das war schön!

Mozart muß also wohl herzlich über diese sonderbare Sangweise des Vogels gelacht haben. —

Wieder auf gegenwärtigen Catalog und dessen Abfassung zu komen, so habe ich die der ersten Auflage hinzugefügte französische Uebersetzung bei gegenwärtiger Ausgabe weggelassen, und aus Achtung für Mozarts Handschrift Alles verbotenus beibehalten, so auch die genaue Abtheilung der Seiten. — Das Original desselben führt genau folgenden auf einem Schilde der Decke stehenden Titel:

Verzeichnüß
aller meiner Werke
vom Monath febraio 1784 bis Monath
————————————————————————————————
Wolfgang Amade Mozart

Schade, ewig Schade, daß sich dieses merkwürdige Verzeichniß mit der unterm 15 Nov. 1791. eingetragenen kleinen Freymaurerkantate endigt, und daß die übrigen bereits rastrirten 14 Blätter von Mozart unbenutzt bleiben mußten; von welchen herrlichen Werken würden sie nicht außerdem die Themata zu enthalten bekommen haben! — — —

Ob Mozart seine Werke am Tage wo er sie begonnen, oder wo er solche beendigt hat, in diesem thematischen Katalog aufgenommen, läßt sich wohl nicht genau bestimen, und die Angabe mag oft wohl theils das eine, theils das andere bezeichnen, was sich allenfalls nach der Zeit in welcher die hier notirten Werke folgen, am ersten bestimmen laßen möchte. — Diejenigen der in gegenwärtigem Verzeichniß notirten Werke, welche unter einem bestimt angegebenen Tage eingetragen sind, scheinen auch an diesem Tage ihre Entstehung erhalten zu haben, u. es findet sich auf deren Manuscripten selten eine nochmalige desfallsige Bemerkung. —

Diejenigen Werke aber, deren Themata ohne diese besondere Angabe eingetragen erscheinen, müßen erst nachträglich eingetragen, oder mögen vielleicht auch von Mozart umgeschrieben worden seyn. — Es findet sich nämlich auf dem MS. des Pag. 16 unter N:27 angeführten Clavierquartetts aus G moll, folgende wörtliche Bemerkung:

di Wolfgango Amadeo Mozart   Viena li 16 d'ottobre 1785.

da solches doch als im Monat Julius eingetragen, in gegenwärtigem Katalog notirt steht.

Ferner ist zu bemerken, daß Mozart die bestimte Tagesangabe seiner in gegenwärtigen Verzeichniß angeführten Opern auf die Verfertigung ihrer Ouverturen bezogen
haben will, welche er theils als erste, theils als letzte Numer seiner Opern geschrieben
hat. — Über die Zeit der Beendigung dieses oder jenes Manuscriptes, hat Mozart
auf der Endseite seiner verschiedenen Partituren nichts bemerkt. —

Daß er aber auch früher geschriebene und später umgeänderte Kompositionen hier eingetragen hat, beweißt unter andern die Quartettfuge in C moll,
N.º 88 des gegenwärtigen Katalogs, welche hier mit dem kleinen Einleitungs-
Adagio vermehrt erscheint; noch mehr aber der unter N.º 95. angeführte ziem-
lich allgemein bekannt gewordene Canon: „O! du eselhafter Martin", welcher
hier unterm 2.t Sept. 1788. in F dur stehend eingetragen, jedoch mehrere Jahre
früher in München komponirt ist; und von welchem mehrere kleine Abweichun-
gen enthaltende Autographien bestehen; so wie ich denn eine derselben in G dur
stehend besitze, wobei Mozart den Namen Martin ausgestrichen, und Jacob da-
rüber gesetzt hat. — Wahrscheinlich hatte Mozart diesen Canon als eine spaß -
hafte Komposition mehrmalen benutzt. In jedem Fall erscheint derselbe als
eine frühere Komposition; ebenso erscheint das unter N.º 144. angeführte in A dur
stehende Clarinett-Conzert, welches ohne Angabe dessen Datum angezeigt ist, als
eine umgearbeitete Komposition, indem ich von diesem Conzert eine frühere Be-
arbeitung für das Bassethorn und in G dur stehend, besitze. —

Von dem berühmten, und in neueren Zeiten so vielfach besprochenen Requiem
findet sich, wie ich dies auch bereits an andern Orten schon früher bemerkt
habe, keine Notiz im Original des gegenwärtigen Verzeichnisses. — Da indessen
nach der Versicherung glaubwürdiger Personen, Mozart in den letzten Tagen sei-
nes Lebens wirklich an diesem Requiem geschrieben hat; so erscheint zwar
dieser Umstand außer allem Zweifel, ohne jedoch meine imer noch gegründe-
te Vermuthung aufzuheben, daß Mozart zu manchen Nummern dieses
Werks eine schon früher angefangene Arbeit benutzt habe. —

Offenbach ªm, **im Nov. 1828.**

Ant. André

1784.

Den 9ten Hornung.

No. 1. Ein Klavier Konzert. Begleitung. 2 Violini, Viola e Baßo, (2 Oboe, 2 Corni ad libitum.)

Den 15ten März.

No. 2. Ein Klavier Konzert. Begleitung. 2 Violini, 2 Viole, 1 Flauto, 2 Oboe, 2 Fagotti, 2 Corni e Baßo.

Den 22ten ———

No. 3. Ein Klavier Konzert. Begleitung. 2 Violini, 2 Viole, 1 Flauto, 2 Oboe, 2 Fagotti, 2 Corni, 2 Clarini, Timpany e Baßo.

Den 30ten ———

No. 4. Ein Klavier Quintett. Begleitung. 1 Oboe, 1 Clarinetto, 1 Corno, et 1 Fagotti.

Den 12ten Aprill.

No. 5. Ein Klavier Konzert. Begleitung. 2 Violini, 2 Viole, 1 Flauto, 2 Oboe, 2 Fagotti, 2 Corni, e Baßo.

Allegro.
All⁰
Oboi e Fag:
Violini.
All⁰
Largo.
All⁰
5000

1784.

Den 21ten Aprill.

№ 6. Eine Klavier Sonate *mit einer Violin.*

Den 25ten August.

№ 7. 10 Variazionen *für das Klavier allein.*

Den 30ten September.

№ 8. Ein Klavier Konzert. *Begleitung. 2 Violini, 2 Viole, 1 Flauto, 2 Oboe, 2 Fagotti, 2 Corni e Basso.*

Den 14ten October.

№ 9. Eine Sonate *für das Klavier allein.*

Den 9ten November.

№ 10. Ein Quartett *für 2 Violini, Viola e Violoncello.*

Largo.
Allegretto.
Allo
Allo
Allo vivace assai.

1784.

Den 11ten December.

No. 11. Ein Klavier Konzert. Begleitung. *2 Violini, 2 Viole, 1 Flauto, 2 Oboe, 2 Fagotti, 2 Corni, 2 Clarini, Timpany et Baßo.*

1785
Den 10ten Jenner.

No. 12. Ein Quartett *für 2 Violini, Viola e Violoncello.*

Den 14ten

No. 13. Ein Quartett *für 2 Violini, Viola e Violoncello.*

Den 10ten Hornung.

No. 14. Ein Klavier Konzert. Begleitung. *2 Violini, 2 Viole, 1 Flauto, 2 Oboe, 2 Fagotti, 2 Corni, 2 Clarini, Timpani e Baßo.*

Den 6ten März.

No. 15. Eine Arie *für Adamberger zur Societäts Musique.* À te frà *tanti affanni &. &. Begleitung. 2 Violini, 2 Viole, 1 Flauto, 1 Oboe, 1 Clarinetto, 1 Fagotti, 2 Corni e Baßo.*

Allo vivace.
Allo
Adagio.
Allo
Andante.

1785.

Den 9ten März.

N.º 16. Ein Klavier Konzert. *Begleitung. 2 Violini, 2 Viole, 1 Flauto, 2 Oboe, 2 Fagotti, 2 Corni, 2 Clarini, Timpany e Baßo.*

Den 11ten

N.º 17. Eine Arie *für die Cavaglieri zur Societäts Musique. Tra l'oscure ombre funeste ꝛc. ꝛc. Begleitung. 2 Violini, 2 Viole, 1 Flauto, 2 Oboi, 2 Fagotti, 2 Corni e Baßo.*

Den 26ten

N.º 18. Maurer Gesellen-Lied *für Singstime und Klavier. Die ihr einem neuen Grade der Erkentniß nun euch naht ꝛc.*

Den 1ten Aprill.

N.º 19. Ein Andante *für die Violin zu einem Konzert. Begleitung. 2 Violini, Viola, 2 Oboe, 2 Corni e Baßo.*

Den 20ten

N.º 20. Eine kleine Cantate. *Die Maurerfreude.— Singstime. Tenor, und zum Schluß ein kleiner Chor von 2 Tenor und einem Baß. Begleitung. 2 Violini, 2 Viole, 1 Clarinetto, 2 Oboe, 2 Corni e Baßo.*

Allº maestoso.
Larghetto
Andantino.
Andante.
Allegro.
5000

1785.

Den 7ten May.

No. 21. Ein Lied *für Klavier und Singstime.*   Der Zauberer.

detto.

No. 22. Ein Lied. _________________ Die Zufriedenheit.

detto.

No. 23. Ein Lied. _________________ Die betrogene Welt.

Den 20ten

No. 24. Eine Phantasie *für das Klavier allein.*

Den 8ten Juny.

No. 25. Ein Lied *für Klavier und Singstime.*   Das Veilchen.

Adagio.

1785.

Jm Monat Jully.

N.º 26. Maurerische Trauer=Musick, *bey dem Todesfalle der Br: Br: Meklenburg und Esterhazy.*
2 Violini, 2 Viole, 1 Clarinett, 1 Baßethorn, 2 Oboe, 2 Corni e Baßo.

detto.

N.º 27. Ein Quartett *für Klavier, 1 Violin, 1 Viola und Violoncello.*

Den 5ten November

N.º 28. Quartetto *in die Oper: La Villanella rapita. für Sig^{ra} Coltellini, Sig^{re} Calvesi, Sig^{re} Mandini e Bußani.   Begleitung:*
2 Violini, 2 Viole, 2 Oboe, 2 Clarinetti, 2 Fagotti, 2 Corni e Baßo.

Den 21ten

N.º 29. Terzett *in detta Opera. für Sig^{ra} Coltellini, Sig^{re} Calvesi e Mandini. Begleitung: 2 Viol:, 2 Viole, 2 Flauti, 2 Oboe, 2 Clarinetti, 2 Fagotti, 2 Corni e Baßo.*

Den 12ten December.

N.º 30. Eine Klavier Sonate *mit Begleitung einer Violin.*

Adagio.
Oboi.
p
Corni.
Allo.
tr
Allegro.
p
dite al - meno in che manca-i - non parlar ch'è meglio assai
p
f
Andte
Man - dina a - ma - bi - le
Molto Allo

1785.

Den 16ten December.

N⁰ 31. Ein Klavier Konzert. Begleitung. 2 Violini, 2 Viole, 1 Flaute,
2 Clarinetti, 2 Fagotti, 2 Corni, 2 Clarini, Timpany e Baſse.

1786.

Den 3ten Hornung.

N⁰ 32. Der Schauspiel Director. Eine Komödie mit Musick für
Schönbrun, bestehend aus Ouverture, 2 Arien, ein Terzett und Vau-
deville. — für Mad^{me} Lange, Mad^{selle} Cavaglieri u. Mr Adamberger.

Den 2ten März.

N⁰ 33. Ein Klavier Konzert Begleitung. 2 Violini, 2 Viole, 1 Flaute,
2 Clarinetti, 2 Fagotti, 2 Corni e Baſse.

Den 10ten

N⁰ 34. Ein Duetto zu meiner Oper Idomeneo für die Fr: von Puffen-
dorf und Bar: Pulini. Begleitung. 2 Violini, 2 Viole, 2 Oboe,
2 Fagotti, 2 Corni e Baſse.

detto.

N⁰ 35. Scena con Rondò mit Violin Solo für Bar: Pulini u: Graf
Hatzfeldt in die obenbemeldte Oper. Begleitung. 2 Violini, 2 Viole,
2 Clarinetti, 2 Fagotti, 2 Corni e Baſse.

Allº
Corni
Fagotti
p
8
Ouverture.
Allº assai.
p
p
Allº
p
p
Andante.
Ilia.
Spiegarti oh Dio non posso
Allº assai.
f p
f p
f p
f p
s o o o

1786.

Den 24ten März.

No. 36. Ein Klavier Konzert. *Begleitung. 2 Violini, 2 Viole, 1 Flauto, 2 Oboi, 2 Clarinetti, 2 Fagotti, 2 Corni, 2 Clarini, Timpany e Basso.*

Den 29ten Aprill.

No. 37. Le Nozze di Figaro, *opera buffa in 4 Atti. Pezzi di musica. 44. Attori. Signore. Storace, Laschi, Mandini, Bussani e Nañina Gottlieb. — Sig.ri Benucci, Mandini, Occhely e Bussani.*

Den 3ten Juny.

No. 38. Ein Quartett *für Klavier, Violin, Viola und Violoncello.*

Den 10.ten

No. 39. Ein kleines Rondö *für das Klavier allein.*

Den 26ten

No. 40. Ein Waldhorn Konzert *für den Leitgeb. Begleitung. 2 Violini, 2 Viole, 2 Oboe, 2 Corni e Basso.*

Allº
Oboe
p
Ouverture. Allº assai.
pp
pp
Allº
Violino.
Andante.
p
p
Allº
5000

1786.

Den 8ten Jully.

Nº 41. Ein Terzett *für Klavier, Violin und Violoncello.*

Den 1ten August.

Nº 42. Eine Klavier Sonate *auf 4 Hände.*

Den 5ten

Nº 43. Ein Terzett *für Klavier, Clarinett und Viola.*

Den 19ten

Nº 44. Ein Quartett *für 2 Violin, Viola und Violoncello.*

Den 12ten September.

Nº 45. 12 Variazionen *für das Klavier allein.*

Allo
Adagio.
Andte
Allegretto.
Allegretto.

1786.

Den 4ten November.

N.⁰ 46. Variazionen *für das Klavier auf 4 Hände.*

Den 18ten

N.⁰ 47. Ein Terzett *für Klavier, Violin und Violoncello.*

Den 4ten December

N.⁰ 48. Ein Klavier Konzert. *Begleitung. 2 Violini, 2 Viole, 1 Flauto, 2 Oboe, 2 Fagotti, 2 Corni, 2 Clarini, Timpany e Baßo.*

Den 6ten

N.⁰ 49. Eine Sinfonie *2 Violini. 2 Viole. 2 Flauti, 2 Oboe, 2 Corni, 2 Fagotti, 2 Clarini. Timpany e Baßo.*

Den 27ten

N.⁰ 50. Scena con Rondò *mit Klavier Solo, für Mad.selle Storace und mich. Begleitung. 2 Violini. 2 Viole, 2 Clarinetti, 2 Fagotti, 2 Corni e Baßo.*

Andante.
Allº
Allº maestoso.
Adagio.
Andantino.
Klavier.
Recitativo.
Rondo.

1787.

in Prag

'Den 6ten Febrario.

N.° 51. 6 Teutsche. *2 Violini, 2 Flauti, 1 Flauto piccolo, 2 Oboe, 2 Clarinetti, 2 Fagotti, 2 Corni, 2 Clarini, Timpany e Baßo.*

Wien

Den 11ten März.

N.° 52. Ein Rondò. *für das Klavier allein.*

Den 18ten

N.° 53. Scena *für Hrn Fischer. Non sò d'onde viene &.&. Begleitung. 2 Violini, 2 Viole, 1 Flauto, 2 Oboe, 2 Fagotti, 2 Corni e Baßo.*

Den 23ten

N.° 54. Eine Arie *für Hrn Gottfried von Jacquin. Mentre di lascio e figlia &.&. Begleitung. 2 Violini, 2 Viole, 1 Flauto, 2 Clarinetti, 2 Fagotti, 2 Corni e Baßo.*

Den 19ten Aprill.

N.° 55. Ein Quintett *für 2 Violini, 2 Viole und Violoncello.*

Andante. Rondo.
Allegro. Recit va
Aria.
non so
Andante.
Larghetto.
Allegro.
p
p
p
p
3
3

1787.

Den 16ᵗᵉⁿ May.

N⁰ 56. **Ein Quintett** *für 2 Violini, 2 Viole u. Violoncello.*

Den 18ᵗᵉⁿ

N⁰ 57. **Ein Lied** *für Klavier und Singstime.*   *Die Alte.*

Den 20ᵗᵉⁿ

N⁰ 58. **Ein Lied** ——————————— *Die Verschweigung.*

Den 23ᵗᵉⁿ

N⁰ 59. **Ein Lied** ——————————— *die Trennung.*

Den 26ᵗᵉⁿ

N⁰ 60. **Ein Lied** *Als Luise die Briefe ihres ungetreuen Liebhabers verbrannte.*

Allegro.
Ein bischen durch die Nase.
Zu meiner Zeit ——— bestand das Recht und Bil-lig-keit.
So bald Da-mö-tas Chlo-en sieht.
Langsam.
Die En-gel Got-tes weinen, wo Lie-bende sich trennen.
Andante
Er-zeugt von heiser Phantasie in ei-ner

1787.

Den 29ten May.

Nº 61. Eine Klavier Sonate *auf 4 Hände.*

Den 14ten Juny.

Nº 62. Ein Musikalischer Spaſs; *bestehend in einem Allegro, Menuett und Trio, Adagio, und Finale. 2 Violini, Viola, 2 Corni, e Baſso.*

Den 24ten Juny.

Nº 63. Ein Lied —————————*Abend-Empfindung.*

detto.

Nº 64. Ein Lied ————————*An Chloe.*————

Den 10ten August.

Nº 65. Eine kleine Nacht-Musick, *bestehend in einem Allegro, Menuett u. Trio.— Romance. Menuett u. Trio, und Finale. 2 Violini, Viola e Baſsi.*

Allo
Andante
A — bend ist's
Allegretto
Allo

1787

Den 24ten

N.º 66. **Eine Klavier-Sonate** *mit Begleitung einer Violin.*

Den 28ten October.
in Prag.

N.º 67. **Jl Dissoluto punito, o, il Don Giovanni.**
Opera Buffa in 2 Atti — Pezzi di Musica. 24. Attori.
Signore: Teresa Saporeti, Bondini, e Micelli.
Signori : Paßi, Ponziani, Baglioni e Lolli.

Den 3ten November.

N.º 68. **Scena** *für Mad.me Duscheck. Recitativo: bella mia fiama.*
Aria: Resta, e Cara etc: **Begleitung.** —— ——

Den 6ten

N.º 69. **Ein Lied.** ———— ———— *Am Geburtstag des Fritzes.*

detto.

N.º 70. **Ein Lied.** ———— ———— *Das Traumlied.*

Molto Allo
Andante.
Allo assai.
Ouverture
Recit: Andte
Aria.
Es war einmal ihr Leuthe ein Knäblein jung u. zart

1787.

Den 11ten Dec.bre

N.º 71. Ein Lied ——— ——— *Die kleine Spinnerin* ——

Den 3ten Jenner **1788.**

N.º 72. Ein Allegro und Andante *für das Klavier allein.*

Den 14ten detto.

N.º 73. Einen Contredanse. *Das Donnerwetter. à 2 Violini, 2 Oboe, 2 Corni, 1 Flautino, 1 Tromel, und Baßo.*

Den 23ten ——

N.º 74. Einen Contredanse. Die Batallie.— *à 2 Violini, 2 Oboe, 1 Flautino, 1 Tromba, 1 Tromel e Baßo.*

Den 27ten ——

N.º 75. 6 Teutsche. *à 2 Violini, 2 Flauti, 2 Oboe, 2 Clarinetti, 2 Fagotti, 2 Clarini, Timpany, Flautino, e Basso.* ——

Allo
cres:
p
p
p
p
p
p
5000

1788.

24ten Feb:

N.º 76. Ein Klavier Konzert in D dur. — *à 2 Violini, Viola e Baßo. 1 Flauto, 2 Oboe, 2 Fagotti, 2 Corni, 2 Clarini et Timpany ad libitum.*

Den 4ten März.

N.º 77. Eine Arie in F dur. — *Ah scia ciel benigne stelle x. x. für Mad.lle Lange. Begleitung. 2 Violini, 2 Oboe, 2 Fagotti, 2 Corni, Viola e Baßo.*

Den 5ten

N.º 78. Ein Teutsches Kriegs=Lied *für den jüngern Baumann, Schauspieler in der Leopolds=Stadt. in A. — Ich möchte wohl der Kayser seyn x. Begleitung. 2 Violini, 2 Oboe, 2 Corni, 2 Fagotti, 1 Flauto piccolo, Piatti, Tamburo grande, Viole e Baßi.*

Den 19ten

N.º 79. Ein Adagio *für das Klavier allein. in H mol.*

Den 24ten Aprill.

N.º 80. Eine Arie *zur Oper: Don Giovanni. in G dur. für M.r Morella. Dalla sua pace etc. 2 Violini, 1 Viole, 1 Flauto, 2 Oboe, 2 Corni, 2 Fagotti, e Baßi.*

Allo
Allegro.
Allo
Andante.
Dal-la sua pace la mia di — pen — de.
5000

1788.

Den 28ten detto

N⁰ 81. Ein Duetto *zur Oper: Don Giovanni für Mme Mombelli und Sr Benucci. in C dur.— Per quelle tue Manine etc:*
2 Violini, 1 Viola, 2 Flauti, 2 Oboe, 2 Fagotti, 2 Clarini, e Baßi.

Den 30ten —

N⁰ 82. Scena *zur detta Opera für M^selle Cavallieri.— Recit: In quali Eccessi &. Aria. mi tradì quell' alma ingrata.—*
2 Violini, 1 Viole, 1 Flauto, 2 Clarinetti, 2 Fagotti, 2 Corni, e Baßo.

im Monath May.

N⁰ 83. Arietta *für Mr Albertarelli in die Oper: Le Gelosie fortunate. Un bacio di mano etc:*
2 Violini, 1 Flauto, 2 Oboe, 2 Fagotti, 2 Corni, Viole e Baßi.

Den 22ten Juny

N⁰ 84. Ein Terzett *für Klavier, Violin, u: Violoncello.*

Den 26ten detto.

N⁰ 85. Eine Sinfonie.— *2 Violini, 1 Flauto, 2 Clarinetti, 2 Fagotti, 2 Corni, 2 Clarini, Timpany, Viole e Baßi.*

Allº moderato.
Per quel — le tu - e ma — ni — ne.
Recit. Allº
Rondo.
Mi tra - di quell' alma ingrata quell'
f
p
Allᵗᵗᵒ
tr
Un bac - cio di mano.
Allº
Adagio.
p
f
p

1788.

detto.

N.º 86. Ein kleiner Marsch. *1 Violino, 1 Flauto, 1 Viola, 1 Corno, e Violoncello.*

detto.

N.º 87. Eine kleine Klavier-Sonate *für Anfänger.*

detto.

N.º 88. Ein kurzes Adagio. *à 2 Violini, Viola, e Basso, zu einer Fuge welche ich schon lange für 2 Klaviere geschrieben habe.*

Den 10ten Jullius.

N.º 89. Eine kleine Klavier Sonate *für Anfänger mit einer Violin.*

Den 14ten detto.

N.º 90. Ein Terzett *für Klavier, Violin, und Violoncello.*

And.te
p   f
p   f
All.o
Adagio.
And.te cantabile.
All.o
5 0 0 0

1788.

Den 16ten detto.

N⁰ 91. **Eine kleine Canzonette.** *à 2 Soprani e Basso.*

Den 25ten ——

N⁰ 92. **Eine Sinfonie.** *2 Violini, 1 Flautto, 2 Oboe, 2 Fagotti, 2 Corni, Viola e Bassi.*

Den 10ten August.

N⁰ 93. **Eine Sinfonie.** *2 Violini, 1 Flauto, 2 Oboe, 2 Fagotti, 2 Corni, 2 Clarini, Timpany, Viole e Bassi.*

Den 11ten Aug:

N⁰ 94. **Ein Lied** ———————— *Beym Auszug in das Feld.*

Den 2ten Sept:

N⁰ 95. **8. 4 stimige Canoni.**

Più non si tro - va - no, frà mil = le a - man - ti.
Allº molto.
Allº vivace.
1 Allº   2 Andᵗᵉ   3 Adagio.   4 Allegretto.
Al — — le - lu-ja. A - ve Maria. Lacrimo — — - Grechtelseng —
5   6   7   8
Nasco — Gema in Proda, gema ind Hetz. O du eselhafter Martin. Bona nex bista rechta Or.
Adagio   Allº

1788.

item.

N.º 96. 2. 3 stimige **Canoni**.

27*ten* *item .*

N.º 97. **Ein Divertimento** *à 1 Violino, 1 Viola, e Violoncello; Di sei pezzi.*

27*ten* *October.*

N.º 98. **Ein Terzett** *für Klavier, Violin und Violoncello.*

*Den 30*ten* detto.*

N.º 99. 2 **Contredanses,** *à 2 Violini, 2 Oboe, 2 Corni, 1 Fagotto e Baßo.*

*Den 6*ten* Dec:*

N.º 100. 6 **Teutsche.**— *à 2 Violini, 2 Flauti, 2 Oboe, 2 Clarinetti, 2 Fagotti, 2 Corni, 2 Clarini, Timpany, 1 Flauttino e Baßi.*

N. B. Jm . Monath. November Haendels Acis und Galathée für Baron Suiten bearbeitet.

Dif-fi-ci-le lectu mihi mars: Caro bell' i - dol :-: mi - e,
Allº
Allº
Nº 1.
Nº 2.

1788.

Den 24ten detto.

N.º 101. 12 Menuetten. *à 2 Violini, 2 Flauti, 2 Oboe, 2 Clarinetti, 2 Fagotti, 2 Clarini, Timpany, Flauttino, e Bassi.*

Jm Jenner 1789.

N.º 102. Eine Teutsche Aria. *2 Violini, Viole, 2 Oboe, 2 Fagotti, 2 Corni, e Bassi.   Ohne Zwang aus eignem Triebe &.*

Jm Februar.

N.º 103. Eine Sonate *auf Klavier allein.*

Den 21ten detto.

N.º 104. 6 Teutsche.__ *à 2 Violini, 2 Flauti, 2 Oboe, 2 Clarinetti, 2 Fagotti, 2 Clarini, Timpany, Flauttino, e Bassi, und türkische Musick.*

29ten April, in Potsdam.

N.º 105. 6 Variazionen *auf das Klavier allein. über einen Menuett von Duport.*

. B. Jm Monath März für Baron Suiten Händels Messias bearbeitet.

Allo

1789.

17ten. May in Leipzig

N⁰ 106. Eine kleine Gigue *für das Klavier, in das Stammbuch des Hrn Engel, kurfürst. Sächsischen Hof Organisten in Leipzig.*

Im Junius in Wienn.

N⁰ 107. Ein Quartett *für 2 Violin, Viola et Violoncello. für Seine Majestät dem König in Preußen.*

Im Jullius.

N⁰ 108. Eine Sonate *auf Klavier allein.*

N⁰ 109. Ein Rondò *in meine Oper Figaro für Madme Ferarese del bne. 2 Violini, Viole, 2 Corni di Baßetto, 2 Fagotti, 2 Corni, e Baßi.*

Im August.

N⁰ 110. Eine Aria *in die Oper: J due Baroni für Mselle Louise Villeneuve. Alma grande, e nobil Core etc: 2 Violini, Viole, 2 Oboe, 2 Fagotti, 2 Corni, e Baßi.*

Allº
Allº
Allº
tr
tr
Al de = sir   di chi   l'a = = do = ro.
Allº
p
f
p
f

1789.

Den 17ten September.

N.o 111. Eine Aria *in die Oper: der Balbier von Seriglien für Mad.me Hoffer. 2 Violini, Viole, 2 Clarinetti, 2 Fagotti, 2 Corni e Baßi. Schon lacht der holde Frühling.*

Den 29ten detto

N.o 112. Ein Quintett. *à 1 Clarinetto, 2 Violini, Viola e Violoncello.*

Jm October.

N.o 113. Eine Aria *in die Oper: Jl Burbero für Mad.selle Villeneuve. 2 Violini, 2 Clarinetti, 2 Fagotti, 2 Corni, Viole e Baßi. Chi sà chi sà qual sia &.*

N.o 114. Detto. — — — —
Vado! ma dove? — Oh Dio! &.

Jm December.

N.o 115. Eine Aric *welche in die Oper: Cosi fan tutte bestimt war für Benucci. Rivolgete à me lo sguardo &. 2 Violini, Viola, 2 Oboe, 2 Fagotti, 2 Clarini, e Timpany e Baßi.*

Allo
Allo
Andante.
Va _ do
ma dove?
Allo
Ri _ vol _ gete à me lo sguardo.

Im December.

N.º 116. 12 Menuetts. *à 2 Violini, 2 Flauti, 2 Oboe, 2 Clarinetti,*
2 Fagotti, 2 Corni, 2 Clarini, Timpany, Flauttino e Basso.

detto.

N.º 117. 12 Teutsche. *ai medemi stromenti.*
NB. einen Contre-*danse: Der Sieg vom Helden Coburg.*

Im Jenner 1790.

N.º 118. Cosi fan tutte, *osia la scuola degli amanti. Opera Buffa in*
2 Atti. pezzi di Musica — Attori. — Signore. Ferraresi del Bene,
Villeneuve et Bussani. Signori. Calvesi, Benucci e Bussani.

Im May.

N.º 119. Ein Quartett. *für 2 Violin, Viola e Violoncello.*

Im Junius.

N.º 120. Ein Quartett. *für 2 Violin, Viola e Violoncello.*

NB. Im Monath Jullius Haendels Cäcilia und Alexanders-Fest für B Suiten bearbeitet.

Allegretto.
tr
Andante Maestoso.
Oboe
p
p
Ouverture.
Allo
p
p
Allo Moderato.
p
sf
f
p
sf
f

1790.

Im Decembre.

N.º 121. **Ein Quintett** *für 2 Violin. 2 Viola e Violoncello.*

N.º 122. **Ein Stück für ein Orgelwerk in einer Uhr.**

5.ᵗᵉⁿ Jenner.
1791.

N.º 123. **Ein Klavier-Konzert.** *Begleitung. — 2 Violini, 1 Flauto,*
2 Oboe, 2 Fagotti, 2 Corni, Viole e Baßi.

14.ᵗᵉⁿ

N.º 124. **3 Teutsche Lieder.** — *Sehnsucht nach dem Frühlinge.*
komm, lieber May &.

Im Frühlings Anfange.   *Das Kinderspiel.*
Erwacht zum neuen Leben &.   *Wir Kinder wir schmecken der*
Freude. recht viel &.

23.ᵗᵉⁿ

N.º 125. **6 Menuetti** *für die Redoute: — mit allen Stimen.*

Adagio.
Adagio.
Allº
Allº
Fröhlich.
Etwas langsam.
Munter.
Komm lieber May und mache die
Erwacht zum neuen Leben
Wir Kinder wir schmecken der

1791

Den 29ten ——

№ 126. 6 Teutsche.— *mit allen Stimen.*

Den 5ten Hornung.

№ 127. 4 Menuett, und 4 Teutsche.

item.

№ 128. Zwey Contretänze.

Den 12ten ——

№ 129. 2 Menuett und 2 Teutsche.

Den 28ten ——

№ 130. 1 Contre-Danse.— *Jl Trionfo delle Donne.*
und 6 Landlerische.

Menuett.
Teutsch.
Menuett.
Teutsch.
Contredanse.
Ländlerische.

1791.

Den 3.ten März.

N.o 131. *Ein Orgel Stück für eine Uhr.*

Den 6.ten —

N.o 132. 1 Contredanse *die Legerer —* 1 **Teutscher** *mit legerer* **Trio.**

Den 8.ten —

N.o 133. **Eine Bafs-Aria,** *mit obligatem Contre Bafs. Für H.r Görl u: Pischlberger — Per questa bella mano &.&.*

N.o 134. **Variazionen** *auf das Klavier, über das Lied: Ein Weib ist das herrlichste Ding &.&.*

Den 12.ten Aprill.

N.o 135. **Ein Quintett** *für 2 Violin, 2 Viole e Violoncelle.*

Allº
Andante.
Contre=Danse.
Teutsch.
Trio.
Andante.
Allº di molto.
f
p
tr
tr
p
p
5000

1791.

Den 20ten Aprill.

N.º 136. **Einen Schluſs Chor** *in die Oper: Le Gelosie Vilane von Sarti. für Dillettanti. — Viviamo felici in dolce contento u.s.*

Den 4ten May.

N.º 137. **Ein Andante** *für eine Walze in eine kleine Orgel.*

Den 23ten May.

N.º 138. **Adagio u: Rondeau** *für Harmonica, 1 Flauto, 1 Oboe, 1 Viola, e Violoncello.*

Den 18ten Junius in Baaden.

N.º 139. **Ave verum Corpus.** — *à Canto, Alto, Tenore e Baſso. 2 Violini, Viola, Organo e Baſsi.*

Im Jullius.

N.º 140. **Eine kleine teutsche Cantate** *für eine Stiṁe am Klavier. Die ihr des unermeßlichen Weltalls Schöpfer ehrt &.*

Molto Allo
Andante.
Adagio
Allo Rondo.
Adagio.
A-ve ve - rum ve - rum Cor - pus.
Andante Maestoso.

1791.
Im Jullius.

Die Zauberflöte.__ *aufgeführt den 30ten September.*
eine teutsche Oper in 2 Aufzügen, von Em: Schickaneder,
bestehend in 22 Stücken.

N:o 141.

Frauenzimer.__ *Mad:elle Gottlieb, M:me Hofer, M:me Görl,*
Mad:elle Klöpfler, Mad:elle Hofmann.

Männer.__ *H: Schack, H: Görl, H: Schickaneder der ältere.*

Chöre. *H: Klöpfler, H: Schickaneder der jüngere, H: Nouseul.*

Den 5ten September aufgeführt in Prag den 6ten September.

N:o 142.

La Clemenza di Tito, *Opera seria in Due Atti, per l'incoro =*
nazione di sua Maestà l'imperatore Leopoldo II.__ ridotta à vera
opera dal Sig:r Mazzolà, Poeta di sua A: S: L'Elettore di Saßo-
*nia.__ Attrici_ Sig:re Marchetti Fantozi, S:ra Antonini.__ **Attori**_*
*S:re Bedini, S:ra Carolina Perini /da Uomo/ S:re Baglioni, S:re **Campi.**_*
e Cori_ 24 Pezzi.

Den 28ten September.

N:o 143. **Zur Oper, die Zauberflöte** einen Priester Marsch und **die**
Ouverture.

N:o 144. **Ein Konzert** *für die Klarinette, für H: Stadler den* **älteren.**
Begleitung. 2 Violin, Viola, 2 Flauti, 2 Fagotti, 2 Corni e Baßi.

Den 15ten November.

N:o 145. **Eine kleine Freymaurer Kantate.** *bestehend aus 1* **Chor,**
1 Aria, 2 Recitativen, und 1 Duo. Tenor u: Baß.
2 Violin, Viola, Baßo, 1 Flauto, 2 Oboe e 2 Corni.

Introduzione.
Allo
Allo
Ouverture.
Marcia.
Ouverture.
sotto voce.
Adagio.
Allo
Coro
5000